LES
VÉRITABLES MARIONETES,

OU

LE MÉLODRAME TOMBÉ,

Facétie sans Dialogue,

EN UN ACTE, EN TROIS SCÈNES,

A grand Spectacle, ornée de Couplets, Danses, Combats, Pantomime, et à un seul Acteur parlant.

Par M. BIGNON, Comédien,

Auteur des Foux-Hollandais, du Petit-Pêcheur, de l'Orang-Outang, etc. etc.

Représentée, pour la première fois, à Paris, sur le Théâtre de la Gaîté, le 26 Novembre 1806.

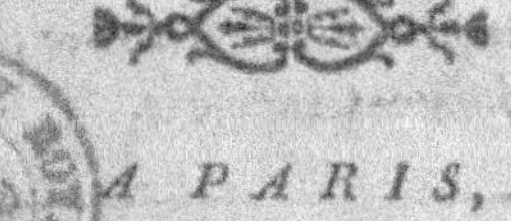

A PARIS,

Chez DUCROCQ, Commissionnaire en librairie, rue Saint-André-des-Arts, N°. 73, près le passage du Commerce.

M. DCCC. VI.

M. BEUGLANT, vieux Poëte, caricature ;
   parlant seul.   *M. Bignon.*

Automates.

1er. Combattant, en cuirasse.   *M. Chéza.*
2e. Combattant, en cuirasse.   *M. Duthei.*
Un Guerrier, mime.   *M. Renauzy.*
Une Amazone, mime.   *Mlle. Chéza.*
1re. Danseuse.   *Mlle. Cœlina.*
Une Chanteuse.   *Mlle. Lamarre.*
Un Balet.
Un grouppe de Musiciens, jouant de divers instrumens.

Nota. Les deux Combattans et la Chanteuse, auront
au milieu des reins, des cri-cri de fer-blanc, attachés
solidement, par le moyen de la ceinture, afin d'imiter le
bruit que doit faire un ressort, quand on le monte avec
la manivelle. De plus, ils seront masqués agréablement,
excepté la Chanteuse : dans le cas contraire, les acteurs
se garderont beaucoup de rire, ce qui détruirait l'illusion.

*La Scène est à Paris, chez M. Bois-Sec, à la Montagne
Sainte-Génevièue.*

AVIS.

Il n'y a d'Edition avouée par l'Auteur, que celle dont
les Exemplaires sont signés par l'Editeur, qui poursuivra
les contrefacteurs, conformément à la loi.

LES VÉRITABLES MARIONÈTES,

OU

LE MÉLODRAME TOMBÉ.

» Le Théâtre représente un salon ordinaire, où sont les
» automates. Les premières et secondes coulisses, à
» droite et à gauche, sont fermées par des rideaux nu-
» mérotés, qui couvrent les automates. Ils sont tous
» placés sur des extrades, qui les élèvent de la scène.
» Au fond du salon, en face du Public, est une
» grande caze, couverte aussi d'un rideau. Dans la
» coulisse, à droite de l'acteur, N°. 2, est un groupe
» de musiciens, jouant de divers instrumens : ils sont
» immobiles, et quand Beuglant les touche, ils joueront
» de leurs instrumens sans bouger autre chose que les
» bras et les doigts. Dans la première à gauche, N°. 1,
» les combatans. Dans la seconde à gauche, N°. 3, la
» chanteuse. Dans la seconde à droite, N°. 4, le balet.
» Et dans la cinquième, au fond de la scène, N°s. 5
» et 6, les deux mimes. Au dessus d'eux est un petit
» amour découpé en volige, et point des deux côtés ;
» il porte un bonnet d'homme de loi, et la cravatte
» en rabat : d'une main il tient son flambeau ; l'autre
» est disposée pour recevoir un papier : il a au dos un
» petit crochet, que public ne voit pas. A la troisième
» coulisse, à gauche des acteurs, une fenêtre ouverte.
» Sur le devant de la scène, une petite table, avec
» une plume et de l'encre, pas davantage ; deux chai-
» ses, l'une à droite et l'autre à gauche.

Nota. Au bas des combattans, N°. 1, la manivelle, et un
grand livre à registre. Au lever de la toile, toutes les
cazes sont couvertes de leurs rideaux.

SCÈNE PREMIERE.

BEUGLANT, *en colère.*

(« Il porte, à la main, un contrat tout prêt à signer, et dans
» son estomac un gros cahier roulé. Il entre du fond.)

Maudit soient les théâtres, les directeurs, les acteurs,
les danseurs, les musiciens, les machinistes, et sur-tout
la cruelle manie de se faire auteur dramatique. Voilà
mon chef-d'œuvre, mon mélodrame, flambé, sifflé, conspué, honni, et cela par la faute des honorables messieurs
que je viens de nommer : tout a été mauvais, archi-mauvais, détestable ! des directeurs qui ne savent pas organiser une cabale protectrice qui, semblable au pilote
expérimenté, conduise votre ouvrage en esquivant les
rochers, les huées, les bancs de sable, les sifflets, et vous
fasse arriver majestueusement au port au son des applaudissemens, des brouhahas, et des bravissimo ! des acteurs
qui parlent et agissent sur la scène, comme s'ils étaient
dans leurs chambres, au lieu d'avoir cette contenance majestueuse, cet air d'importance qui en impose au public.
Le moyen de tenir à cela ! Mais celui à qui j'en veux le
plus, c'est ce petit danseur aérien, qu'ils appellent Zéphir :
il a plutôt l'air de plaisanter et de badiner, que de danser ;
on ne voit jamais ses maudits pieds toucher la planche !
comme si le public devait être émerveillé de voir un
homme qui ne se donne pas le moindre travail pour lui
plaire, et qui naturellement voltige en l'air comme si c'était son élément. Le pis de l'affaire, c'est que les autres
l'imitaient ; aussi, quel orage ! quelle tempête !

Air : *Du Petit Matelot.*

Pauvres victimes de cabale,
Tous vos regrets sont superflus ;
Cessez de crier au scandale,
Si l'on ne vous applaudit plus !   (*Bis.*)

En vain vous vous mettez en nage,
Faisant un inutile effort !
Si vous échappez à l'orage,
Vous n'approcherez pas du port.   (*bis.*)

Vivent ces beaux rigodons, ces beaux entrechats à 8 : ces belles pirouettes qui durent un quart-d'heure ; voilà ! voilà de quoi captiver l'attention ! voilà la pierre de touche du talent ! Oh ! ma pauvre pièce ! te voilà retranchée sur le sein paternel. (*il lit sur le manuscrit.*) L'irruption du Parnasse ! le titre seulement n'est-il pas un chef-d'œuvre ! Faire un volcan du Mont-Parnasse, n'est-ce pas là une idée neuve ! et l'adresse avec laquelle j'y avais cousu mon intrigue d'amour ! et les beautés mâles de mon tyran !... Ah ! si les impitoyables sifflets avaient laissé seulement continuer la pièce jusqu'à la troisième scène ! si le maudit machiniste, voyant arriver l'orage, avait eu l'esprit de le conjurer en avançant le changement de décoration ? j'étais sauvé, je crois ! On aurait vu le mont Hélicon couvert de crapauds, de lézards, de blaireaux, de grenouilles croassantes ! On aura vu Pégase les oreilles alongées, la croix noire sur le dos, frapper en vain le rocher pour en faire jaillir l'hypocrême ! On aurait vu Apollon en perruque rousse et en queue rose, faisant voir la lanterne magique ! la vérité de l'allégorie triomphait des jaloux ! mon succès n'était plus douteux ! mais, la cabale !

Air : *Mais, peignez-vous le Paysage.*

En vain un Auteur plein de feu
Ennoblit la scène qu'il trace ;
L'acteur sera froid dans son jeu,
Si le Public est tout de glace !
Séduit par le malin rieur,
J'ai vu, redoublant ma détresse,
Le parterre jouer l'auteur,   (*bis.*)
Quand les acteurs jouaient la pièce.

Ah ! je suis mort, assassiné, écorché tout vif ! Encore

si le public avait pu me juger ? si la Pièce avait été écoutée jusqu'à la fin ! mais, le maudit sifflet !.. Ah ! messieurs du parterre ; vous, chers auditeurs !...

Air : *Mon cher ami c'est bon office.*

> Le jour de la Pièce nouvelle,
> Pour redoubler votre plaisir,
> Et pour être payé du zéle
> Que l'on met à vous divertir ;
> S'introduisant dans le parterre,
> Chaque auteur, adroit et discret,
> Devrait joindre au talent de plaire,
> L'art de vous couper le sifflet !   (*bis.*)

Moi, Beuglant, être tombé ! moi, dont le nom glorieux est crayonné depuis tant d'heureuses années sur la fontaine des Innocens ! moi, être sifflé !... Ah ! maudits théâtres ! maudits acteurs ! et je ne m'en vengerai pas ? si parbleu. En attendant que je puisse le faire des siffleurs et des cabaleurs, je vais commencer par les acteurs ; par vous, mon petit monsieur Saint-Leger, qui jouiez le principal rôle dans mon mélodrame, je vous avais promis la main de ma fille Célestine ; nous devions ce soir signer le contrat que voici : mais, puisque vous n'avez pu finir le superbe rôle qui vous était confié ; puisque, par cette raison, vous êtes devenu un des artisans de ma honte ; vous n'aurez pas ma fille. D'ailleurs, je vous connais à peine. Il y a trois jours, vous apprenez que je suis à Paris, où je n'habite pas ordinairement : vous vous introduisez près de moi, sous le prétexte de me consulter sur le rôle que l'on vous a distribué dans ma pièce. A juger par mon costume, vous entrevoyez que j'ai besoin d'argent, vous m'offrez 50 louis, que j'accepte. Bientôt vous vous jettez à mes genoux : vous me demandez la main de Célestine, qui est promise à M. Barbouillet, mon riche confrère, chez qui elle est en pension. Vous m'apprenez qu'il y a huit jours, M. Barbouillet a brusquement changé de domicile, qu'il a emmené ma fille , et vous supposez que c'est par jalousie de vos assiduités , ce qui est assez probable. Vous prétendez que je dois savoir leur nouvelle retraite, et qu'il ne tient qu'à moi de vous rendre heureux. Je dissimule avec vous , et parais surpris de ce que vous m'apprenez. Vous me pressez, priez, suppliez d'accepter vos cinquante louis , sans rétribution, pourvu que je vous donne mon consentement à votre hymen avec ma fille, si, d'ici à trois jours, vous découvrez sa retraite, et l'enlevez, à votre tour, à monsieur Barbouillet, pour la remettre entre mes bras paternels : voilà nos conventions. Je me suis joué de vous, mon cher petit monsieur ; c'est aujourd'hui le troisième jour, il est huit heures du soir passées ; à minuit vos 50 louis sont bien à moi, et dès demain, je donne Célestine à M. Barbouillet : je lui dois, d'autre part, douze cents livres, que j'acquite encore par cet hymen. En attendant, je signe le contrat, (*il le signe.*) et vais l'envoyer de suite à la nouvelle adresse de mon gendre. Je ne risque rien d'anticiper un peu sur les momens ; vous n'enleverez pas ma fille ; car je la tiens enfermée, ici, dans une chambre, et sous les doubles clefs que voilà. (*il montre un trousseau de clefs.*) Ainsi, je souhaite bien du plaisir à monsieur l'amoureux !... Il sera fin, s'il découvre notre retraite chez monsieur Bois-Sec, mécanicien , montagne Sainte-Géneviève. Que j'envie le sort de ce mécanicien ! Quel honneur pour lui d'avoir inventé les comédiens de bois ! Ils agissent , ils remuent sur la scène comme nos meilleurs acteurs, et cependant on n'apperçoit point un seul ressort, un seul fil. Cette entreprise réussira ; c'est sûr ! D'ailleurs, j'en ai l'exemple.

Air : *Esquissons dans ce souvenir.*

On dit qu'en un charmant boudoir,
Où se glisse aimable folie,
L'on court voir jouer chaque soir
Les joyeux enfans de Thalie.

Dans cet endroit délicieux,
Le plaisir comble les recettes,
Quand Momus, pour charmer les dieux,   (bis.)
Y fait voir les Marionètes.

Plut au ciel que ma Pièce eût été jouée par de pareils
acteurs, j'aurais eu cent représentations. M. Bois-Sec me
disait bien d'attendre l'ouverture de sa sale, et de lui
confier mon manuscrit ; mais, la rage d'être joué !... et
je l'ai été, c'est le mot. Morbleu ! je m'en souviendrai
long-temps. (*il s'essuie le front.*) Il me vient une idée ;
elle est ma foi très-bonne, et je vais en essayer. Derrière
ces rideaux, toute la troupe de Bois-Sec n'attend que
quelques tours de manivelle pour entrer en scène. Profi-
tons de l'absence de mon ami, qui est allé presser la
confection de la sale dans laquelle il doit débuter, et
servons-nous de ses comédiens de bois, pour répéter
quelques scènes de mon sublime ouvrage ! chef-d'œuvre
qui devait me couvrir de gloire à mon retour en Picardie
ma patrie, jadis si féconde en grands hommes ; le terroir
des bons auteurs : c'est l'avis de tout le monde.

Air : *Ce n'était pas, je m'y connais.*

Où trouver un modeste auteur,
Joignant l'agréable à l'utile ?
Quel pays fournit le meilleur,
Quelle province, ou quelle ville ?
Moi, qui réponds toujours sans fard,
Au nom des Muses, j'ose dire,
Je crois qu'il faut être Picard,   (bis.)
Pour savoir bien monter la lyre.

(*il tire le rideau du N°. 1.*)

Oh ! oh ! voilà deux personnages dont j'ai besoin : ces
guerriers... (*il ramasse le dictionnaire qui est au bas, et lit
sur le couvercle.*) Dictionnaire des Renseignemens pour
faire mouvoir les automates. (*à lui-même.*) Bon ! voilà ce
qu'il me faut. Lisons : N°. 1, deux guerriers combattans

à outrance : montez le ressort derrière, au niveau de la hanche, portez-les en scène à la distance couvenable ; touchez le bouton qui se trouve à l'épaule droite. N°. 2, les muciciens : montez le ressort de même, et touchez les boutons du premier, deuxième, troisième, suivant les genres de morceaux dont vous aurez besoin. Voyez la table ci-contre... Essayons cela.

SCENE II.

» Il place les combattans, les porte en scène à la dis-
» tance convenable ; monte les ressorts : il monte aussi
» celui des musiciens, qui se trouve au bas du piédes-
» tal, mais sans les déplacer. Pendant trois accords,
» qu'ils sont censés produire, il touche de chaque main
» les boutons qui font partir les combattans. Les mu-
» siens jouent ; les guerriers combattent : Beuglant se
» place sur le côté, et admire. Quand le combat est
» fini, il replace les guerriers sur le piédestal, et tire
» le rideau sur eux. Il tire le rideau au N°. 3, porte la
» chanteuse en scène. «

N°. 3, une chante : (*il lit.*) même cérémonie... Cette pièce chantera tout ce qu'on voudra. (*à lui-même.*) Tout ! diable ! c'est fort cela. (*il lit.*) Tout ce qu'on voudra, en ayant soin seulement de donner un tour de plus, après six, en suivant graduellement la table des tons, ci-con-tre... (*à lui-même.*) Bon ! je vais lui faire chanter la grande arriette de ma Pièce, en *Si* majeur, cinq *diésis* à la clef. (*il lit.*) Voyons... *Si* majeur, quatre tours de plus. (*il la monte.*) Six et quatre font dix.

» Il va toucher le bouton des musiciens, ils jouent la
» ritournelle, et quand il faut que la chanteuse parte,
» il la touche à l'épaule. Elle chante l'ariette suivante.

ARIETTE

Air : *De celle du Château du Diable.*

> Plaisir charmant, vermeille rose,
> N'ont qu'un temps pour les cueillir ;
> La pauvre fleur, à peine est-elle éclose,
> Qu'un jour, hélas ! la voit naître et mourir !

> Il faut jouir avec ivresse,
> Le moment du plaisir doit-il se retarder ?
> Quand le désir, par la tendresse,
> Répète à notre cœur sans cesse,
> Le bonheur seul est d'aimer.   (*ter.*)

> Le cœur glacé d'indifférence,
> Languit dans un triste néant ;
> Quand l'amour, en un instant,
> Peut charmer son existence,
> S'il fait naître les soupirs,
> Pour doubler la jouissance
> Par les désirs, par les plaisirs.   (*bis.*)

(*Beuglant s'écrie.*) Bravo ! bravo ! Voyez l'effet ! Bravissimo !... Ah ! si ma musique avait été exécutée comme cela !... Que j'ai de regret de n'avoir pas eu la patience d'attendre l'ouverture des Comédiens de Bois ! il n'y a qu'eux pour faire réussir les ouvrages, pour faire courir le public. Voilà pourquoi tel ou tel théâtre a la vogue ; c'est parce que ses acteurs les imitent si bien, qu'on les dirait tous frais sortis de la main du mécanicien.

Air : *Autrefois j'étais gai, charmant.*

> D'un sot acteur sans naturel,
> J'ai vu plus d'un sot idolâtre,
> Applaudir ce Polichinel,
> Baragouinant sur le théâtre :
> Il frappe, il saute, il est subtil,
> Par du bruit gagne le suffrage :
> Mais du succès il tient le fil,   (*bis.*)
> Quoiqu'il joue un sot personnage !

N°. 4, petit ballet. (*il lit.*) Montez le ressort au bas du piédestal ; retirez seulement la manivelle, il partira quand il en sera temps. (*il monte le ressort au piédestal, fait partir les musiciens, et va retirer la manivelle : le ballet s'exécute ; il s'écrie.*) D'honneur, je suis enchanté !... je suis dans le ravissement. (*il reprend le registre.*)

N°. 5, un acteur et une actrices mimes : trois tours de manivelle pour l'amour ; cinq pour la fureur et la jalousie. (*à lui-même.*) Corbleu ! voilà justement ce qu'il faut pour la scène de dénouement de mon ouvrage !.. Ah, diable ! il me manque en tyran récalcitrant d'abord, mais qui cède ensuite, après avoir tout mis à feu et à sang. Eh bien ! je le ferai ce tyran : si l'on était déhonoré pour jouer avec des automates, presque tous nos théâtres seraient fermés. (*il lit.*)

N°. 6, l'amour homme de loi, s'enfuit si-tôt qu'il signe un contrat de mariage. (*à lui-même.*) Le mécanicien n'a pas voulu déroger à la coutume de Paris. (*il lit.*) Pour faire mouvoir cette petite figure, il faut lui mettre, au crochet qui est placé exprès derrière, un contre-poids de huit onces environ. (*il le cherche.*) J'ai beau chercher, je n'en vois pas. (*il prend son trousseau de clefs.*) Bon ! ces clefs pourront m'en servir. (*il accroche les clefs derrière la petite figure.*) Entendons-nous : il s'agit de faire mouvoir ensemble mes trois comédiens de bois, et moi je ferai le quatrième. Voyons ma scène.

(*Il lit sur sa pièce.*) L'amour amené par mon héros, jette avec son flambeau, de la poudre aux yeux du tyran ; celui-ci lui remet le contrat qui doit l'unir avec la belle Primerose. Faisons cela ; cherchons un papier. (*il n'en trouve pas ; il prend le contrat de mariage, et le met à la main de l'amour.*)

Parbleu, voilà un vrai contrat de mariage, on ne peut mieux servir la scène. (*il lit sur sa pièce.*) Son rival se désole, témoigne sa fureur, sa jalousie, puis finit par tomber aux genoux du fier tyran. Pendant ce temps, la belle Primerose, qui a montré le mépris qu'elle a pour

cet hymen, et voyant le tyran inexorable, tire subite-
ment un poignard et veut s'en frapper. Exécutons cela.
(*il touche le bouton du troisième musicien, la musique commence piano.*) Et moi donc, il faut aussi me mettre en
scène.

» Il va pour se placer entre les deux figures, et monte
» en reculant sur le degré où elles sont posées : il
» touche le bouton des deux mimes, qui jouent la
» scène ainsi qu'elle a été décrite. La petite figure de
» l'amour, qui se trouve au-dessus de Beuglant, et un
» peu derrière, part et s'envole par la fenêtre. Beu-
» glant, occupé à mimer pour le tyran, ne voit point
» l'amour partir. Les mimes jouent leur scène sur l'air
» du duo de jalousie de Coradin, musique de Méhul.
» Beuglant, à différens momens, explique la scène à
» mesure qu'elle se joue, et dit : «

Bon ! il s'enflâme par degrés... la jalousie commence à
se glisser dans son cœur... il ne peut contenir le senti-
ment douloureux qui le déchire... vains efforts : la tempête éclate... le désespoir se peint dans leurs mouvemens
convulsifs... leur rage est au comble, etc...

Nota. » Les mimes auront soin d'imiter un peu les se-
» cousses des marionetes, pour rendre la scène plus
» comique ; mais cependant avec discrétion. Beuglant
» est dans l'enthousiasme : quand la scène est finie, il
» va se jetter dans un fauteuil, et s'écrie : «

Ah ! bravo ! bravo ! bravissimo !.. Ils sont vivans ! c'est
la nature ! c'est la nature !.. Voilà, voilà comme il faut
jouer la comédie. Continuous. (*il lit sur sa pièce.* (Le tyran est attendri. (*à lui-même.*) Oui, oui ; je le suis. (*il lit.*)
L'amour, déployant ses ailes azurés, et agitant son flambeau... (*il lit sur le registre.*) Pour faire mouvoir l'amour,
après avoir posé le contre-poids, mettez seulement le
pied sur un petit bouton disposé entre les deux mimes,
sur l'estrade, il partira de suite. (*il regarde.*) Eh bien ?

qu'est devenue la petite figure ? et mon contrat , et mes clefs ! depuis le temps que j'ai monté là-dessus... O ciel ! est-il possible ? de quel côté l'amour s'est-il donc envolé ? (*il cherche par-tout.*) Serait-il parti par la fenêtre ? Que dira M. Bois-Sec , si quelqu'un a emporté son amour ?... (*il regarde par la fenêtre.*) Que vois-je ? ma fille , amenée dans la cour par Saint-Leger , son amant : il tient encore mes clefs à la main. M. Bois-Sec rit à gorge déployée , et remonte le ressort de la petite figure méchanique... (*il revient en scène.*) Qu'est-ce que cela veut dire? Serait-ce lui qui aurait amené Saint-Leger , en lui apprenant notre nouvelle retraite. (*il va à la fenêtre.*) Que vois-je encore ? ils signent le contrat tous les trois ! (*furieux.*) et moi , j'ai eu la bonté de le signer d'avance !... Ce maudit automate , qui leur a porté mes clefs ! maudit hazard ! maudite méchanique ! voilà le mariage fait malgré moi !... Mais , croira-t-on que je serai assez imbécile pour ne pas protester de cette surprise ! pour ne pas m'opposer de toute mon autorité !... Oui , mais il faudra rendre les 5o louis à Saint-Leger , et où les prendre ?

» Trait de musique ; l'amour rentre par la fenêtre : il a
» une lettre à la main : il va se placer où il était avant
» de partir. Beuglant le voit rentrer , et dit : «

Que veut dire ceci ? (*il prend la lettre et la lit.*) » Monsieur, aidé par mon ami Bois-Sec , qui m'a conduit ici. (*à lui-même.*) Ah ! il connaissait le mécanicien ! (*il continue.*) » J'ai rempli les conditions prescrites ; je suis aux genoux » de votre aimable fille , et rien ne doit plus s'opposer à » mon bonheur. Daignez donc venir couronner votre ou- » vrage. A ma sollicitation , un artiste d'un talent distin- » gué , entreprend de vous venger de la cabale qui vous » a tant maltraité ; il va reproduire votre sujet dans un » ballet d'action , où l'on ne négligera rien pour en faire » ressortir les beautés , et la justesse de la critique. (*à lui-même.*) Ah ! voilà qui est parlé. (*il lit.*) » Post-scrip- » tum.... Je viens de payer les 5o louis que j'ai appris

» que vous deviez à M. Barbouillet, votre ami. « (*à lui-
même.*) Ma foi, je ne sais plus que dire ! Mon ouvrage
sera reproduit sur la scène ! mon courroux est tout dul-
cifié ! je sens qu'il s'éteint tout-à-fait. Qu'ai-je à désirer
de mieux ! je paie ma dette à mon créancier, je paie ma
dette à la reconnaissance, je paie ma dette à la ten-
drese paternelle, en faisant le bonheur de ma fille !...
Si j'étais assez heureux pour payer ma dette au Public,
mon bonhenr serait complet, en vérité !

Air : *Ce n'est pas toujours le vainqueur qui remporte le
plus de gloire.* (de Dugai-Trouin.)

> Prenant mon chemin à retour,
> Attirant sur moi l'épigramme ;
> Auteur, je vanterai toujours
> La chute de mon mélodrame :
> Je sais fort bien en ce moment,
> Si l'indulgence est favorable,
> Que le zèle, et non le talent,   (bis.)
> Près de vous me rendent solvable.

SCENE III.

(*Il salue le Public, et va tirer tous les rideaux des cazes,
et dit :*) Et vous, mes chers amis de bois, mes chers automates ; vous, qui avez hâté le plaisir que j'éprouve,
livrez-vous à la joie, et célébrez mon bonheur.

> » Beuglant apporte la chanteuse en scène, puis il va
> » toucher le bouton des musiciens, puis celui du ballet,
> » des combattans, des mimes, et se retire. La chan-
> » teuse chante les couplets ci-après : le ballet part à
> » la reprise, les combattans partent ensuite, puis les
> » mimes jouent une petite scène sur la dernière reprise.
> » A la fin, tout cela se groupe, et fornie tableau. «

LA CHANTEUSE.

Air : *Du Vaudeville des Deux Pères.*

De distraire une fois,
Par la folie,
Est notre envie :
Daignez donc, à ma voix,
Applaudir les Comédiens de bois.
(*Le ballet part et danse jusqu'à la fin.*)
Ce seul ressort,
Est le plus fort ;
Il est propice
A l'acteur, à l'actrice ;
Tous ses travaux, pour réussir,
Sont bien payés, s'il entend applaudir.
(*Les combattans combattent jusqu'à la fin*).
De distraire une fois, etc.
(*Les mines partent.*)
C'est un bonheur,
Qui porte au cœur,
Si pour salaire,
On obtient de vous plaire !
On est heureux,
On est joyeux,
Puisque c'est-là qu'on borne tous ses vœux.

De distraire une fois, etc.

F I N.

De l'Imprimerie de MB. DEVERGNE, rue Saint-Denis,
N°. 240, près celle du Petit-Hurleur.